LES ABSENCES
DE MONSIEUR

COMÉDIE-VAUDEVILLE EN UN ACTE

PAR

MM. N. FOURNIER et LAURENCIN

Représentée pour la première fois, à Paris, sur le théâtre du VAUDEVILLE,
le 16 août 1856.

PARIS

MICHEL LÉVY FRÈRES, LIBRAIRES-ÉDITEURS

RUE VIVIENNE, 2 BIS

1856

le représentation, de reproduction et de traduction réservés.

Distribution de la Pièce.

JOUVENEL....................	M. Delannoy.
CAROLINE, sa femme...........	Mlle Arène.
BLONDEAU, ami de Jouvenel.....	MM. Chaumont.
GUSTAVE DE LAROCHE..........	Jolliet.
VICTOIRE, domestique..........	Mlle Irma Granier.

La scène est à trente kilomètres de Paris, chez Jouvenel.

LES
ABSENCES DE MONSIEUR

Un salon de campagne. Au fond, une porte conduisant au dehors. A gauche, autre porte ouvrant sur le jardin. Portes à droite et à gauche. Cheminée, table garnie, etc.

SCÈNE PREMIÈRE.
BLONDEAU, puis VICTOIRE.

BLONDEAU entre par le fond, à droite; il est en costume de voyage et de chasse; casquette, par-dessus, carton à chapeau, carnassière, fusil dans son étui, poire à poudre, etc.; il ferme son parapluie en entrant. — S'arrêtant au fond et regardant.

Eh bien, comment! personne ici non plus? (Descendant la scène, et se débarrassant de tout son attirail.) Où diable sont-ils cachés? eh! Jouvenel!... eh! l'ami Hyacinthe!... c'est moi, Blondeau... l'ami Blondeau... eh!

VICTOIRE, entrant.

Tiens, un Monsieur ici! comment donc que vous êtes entré?

BLONDEAU.

Eh parbleu, par la porte.

VICTOIRE.

Ah bah! et qui qui l'a donc ouverte?

BLONDEAU.

Est-ce que je sais, moi? J'arrive de Paris.

VICTOIRE.

Ah bah! de Paris où s' qu'est Madame?

BLONDEAU.

Madame Jouvenel est à Paris?

VICTOIRE.

Depuis huit jours, donc?

BLONDEAU.

Et lui, Jouvenel?

VICTOIRE.

Monsieur? oh! il est ici, lui.

BLONDEAU.

Ouf! très-bien... tu m'as fait une peur!... (Lui donnant ses effets.) Tiens, petite, porte tout ça dans ma chambre.

VICTOIRE.

Vot' chambre?

BLONDEAU.

Eh oui; est-ce que Jouvenel ne t'a pas dit de préparer une chambre pour un ami qu'il attendait aujourd'hui?

VICTOIRE.

Monsieur ne m'a rien dit du tout.

BLONDEAU.

Je le reconnais bien là!... a-t-il pensé au déjeuner, au moins?

VICTOIRE.

Pas de déjeuner... la cuisine est froide.

BLONDEAU.

Eh bien, voilà une réception! lui qui m'avait écrit de prendre le train de huit heures, afin d'être ici à dix, pour déjeuner... J'arrive l'estomac creux, et je trouve, quoi? visage de bois.

VICTOIRE.

De bois? eh ben, merci; vous êt' encore poli, vous!

BLONDEAU.

Ah! mais non, je ne dis pas ça pour toi... peste! il s'en faut!... (Lui tapant sur la joue.) Une fraîcheur!... une carnation!... mais lui, cet original, où est-il?

VICTOIRE, allant regarder à gauche.

Monsieur n'est pas dans sa chambre; pourtant v'là son chapeau et sa redingote... p'têt ben, qu'il est dans le jardin.

BLONDEAU.

Dans le jardin? du temps qu'il fait?

VICTOIRE.

Oh! il n'y regarde pas... il doit être aux pigeons ou aux lapins... (Appelant au fond, à gauche.) M'sieu! êt' vous aux pigeons?

BLONDEAU.

C'était bien la peine de prendre une voiture à la station!... (A Victoire.) Eh bien?

VICTOIRE.

Je ne le vois pas; faut que Monsieur soit sorti dans le village.

BLONDEAU.

Sans chapeau, sans redingote?... après ça, il en est bien capable... quel drôle de corps! je dirais quelle drôle de tête!... s'il en avait une.

VICTOIRE, riant.

Ah! ah! c'est bien vrai ça... v'là ce qui lui manque... vous qui le connaissez d'autrefois, Monsieur... est-ce qu'il a toujours été détraqué comme ça?

BLONDEAU.

Toujours... au collége, on l'appelait la linotte, l'hurluberlu.

VICTOIRE.

Le fait est qu'il brouille tout, midi avec minuit, l'été avec l'hiver, le soleil avec la lune... il oublie tout...

BLONDEAU.

Même le déjeuner!

VICTOIRE.

Tout, Monsieur; et encore bien d'autres choses, allez! puisque quelquefois il ne se souvient plus qu'il est marié...

BLONDEAU.
Ah bah!... après deux ans de ménage?
VICTOIRE.
Madame qu'est très-vive n'a jamais pu s'habituer à ses... comment donc qu'elle appelle ça?... à ses absences...
BLONDEAU.
Absences d'esprit.
VICTOIRE.
il aime pourtant ben sa femme.. mais faut qu'elle soit là.. autrement, bernique! à preuve qu'hier encore... (Elle s'arrête tout court.)
BLONDEAU.
Quoi donc?
VICTOIRE.
Rien.
BLONDEAU.
Moi qui croyais que le mariage le changerait!

Air : *Quelque regret qu'on ait, ma belle.*
Conçoit-on un mari sans tête?
VICTOIRE.
Ça fait une figure assez bête.
BLONDEAU.
Pourtant, je connais à Paris
Un certain nombre de maris
Doués d'une tête très-forte;
Mais pour ce que ça leur rapporte,
Quand leurs femmes la font valoir,
Autant vaut ne pas en avoir!
Mieux vaudrait ne pas en avoir.

(Se tâtant l'estomac.)

Ah çà! voyons, est-ce que tu n'as rien à me donner?
VICTOIRE.
Dame, Monsieur, je n'ai que des restes... une aile de volaille froide, du jambon, du pâté de gibier...
BLONDEAU.
Eh bien! ma pauvre enfant, on se contentera de ces restes-là; il ne me manque plus que Jouvenel; car je déteste manger seul; veux-tu me tenir compagnie?
VICTOIRE, mettant le couvert.
Moi?
BLONDEAU.
Pourquoi pas? tu as une de ces mines appétissantes... eh! eh! (Il la lutine.)
VICTOIRE.
Mais finissez donc... si Bastien vous voyait!
BLONDEAU.
Bastien? qu'est-ce que c'est que ça?
VICTOIRE.
Un garçon jardinier.

BLONDEAU.

Jardinier fleuriste, alors...

VICTOIRE.

Pourquoi ça?

BLONDEAU.

Puisqu'il te cultive... eh! eh!...

VICTOIRE.

De quoi? s'il me fait la cour, c'est pour le bon motif.. et il doit m'épouser dès qu'il aura acheté un remplaçant... mais ces hommes, c'est si cher!... j'y en économise un sur mes gages... même que Monsieur m'avait promis de me faire une avance... ah ben oui! ça y est sorti de la tête, à c't' heure.

BLONDEAU, la lutinant toujours.

Eh bien! je t'y aiderai, moi, à avoir ton homme... je peux même te fournir tout de suite le remplaçant demandé. (Il veut lui prendre le menton.)

VICTOIRE, s'échappant.

Ta, ta, ta, je vas chercher Monsieur... (Allant à la porte du jardin et appelant.) M'sieu! êtes-vous aux lapins?

SCÈNE II.

LES MÊMES, JOUVENEL.

JOUVENEL, paraissant à la porte du fond; il est en robe de chambre et coiffé d'un bonnet grec, il tient un parapluie ouvert.

Eh bien, quoi? qu'est-ce que c'est?

VICTOIRE.

Ah! le v'là. (A Jouvenel.) C'est un Monsieur qui vous attend.

JOUVENEL.

Qui donc?

BLONDEAU.

Eh moi, parbleu!

JOUVENEL.

Blondin!

BLONDEAU.

Blondeau.

JOUVENEL.

Ce cher Blondeau ici! tiens, tiens, tu as donc avancé ton départ de Paris?

BLONDEAU.

Pas du tout.

JOUVENEL.

Tu devais venir mercredi.

BLONDEAU.

Jeudi.

JOUVENEL.

Jeudi? eh bien, tu vois, tu arrives...

SCÈNE II.

BLONDEAU.

Jeudi : c'est aujourd'hui.

JOUVENEL, regardant Victoire.

Aujourd'hui?

VICTOIRE.

Mais oui, Monsieur, le jour du marché...

JOUVENEL, tenant toujours son parapluie ouvert.

Enfin, te voilà! ce cher ami! (Il veut l'embrasser.)

BLONDEAU.

Mais ferme donc ton parapluie.

JOUVENEL.

Tiens, c'est juste. (Il ferme le parapluie et Victoire le lui prend.)

BLONDEAU.

Comme te voilà fait! d'où sors-tu?

JOUVENEL.

J'arrive du moulin.

VICTOIRE.

Vous avez été courir au moulin de ce temps-là?

BLONDEAU.

Et en robe de chambre?

JOUVENEL.

C'est inouï!... Ah! il faut te dire que ce matin, en m'éveillant, je trouve un nœud à mon mouchoir. C'est une habitude que j'ai prise de faire des nœuds, quand je veux me rappeler quelque chose... Alors, je me dis : Pourquoi diable ai-je fait un nœud à mon mouchoir? Ah! voilà... je me suis rappelé que je devais aller chez le notaire du bourg... ici près, au bas de la côte... rien que la petite ruelle à descendre... une fois dans la ruelle... Ah! il faut te dire qu'il y a deux chemins, le vicinal et le communal... Je ne sais pas comment ça se fait... il paraît que j'ai pris le départemental... enfin, je m'entends appeler... eh! M. Jouvenel! C'était ma meunière... j'ai cru d'abord que c'était Victoire.

VICTOIRE.

Avec ça que nous nous ressemblons!

JOUVENEL.

Possible.

VICTOIRE, à Blondeau.

Est-il Dieu permis?... une rousse!

BLONDEAU, à Victoire, en la pinçant.

Et toi, la plus jolie brunette!... eh! eh!

JOUVENEL.

Taisez-vous donc... où en étais-je?... Ah!... une fois le magot dans le sac de cuir...

BLONDEAU.

Quel magot?

JOUVENEL.

Eh bien, l'argent du fermage... Mais pour revenir de là...

quelle averse, mes enfants!... alors, ils ont couru après moi, et ils me l'ont apporté tout ouvert.

BLONDEAU.

Le sac de cuir?

JOUVENEL.

Eh non... leur parapluie.

BLONDEAU.

Le magot, le sac, le parapluie!... tu en étais à la meunière qui t'appelait... eh! M. Jouvenel!...

JOUVENEL.

Eh! M. Jouvenel! où donc que vous allez de ce train-là? — Ah oui... chez maître... maître... chose... notaire. — Mais vous lui tournez le dos. — Bah!... je m'arrête, je regarde... j'étais tout en haut de la côte.

VICTOIRE.

A une demi-lieue d'ici.

JOUVENEL.

Ah! il faut te dire que ces braves gens allaient déjeuner... Il y avait là une soupe aux choux qui embaumait!...

VICTOIRE.

Et vous en avez mangé?

JOUVENEL.

Deux écuelles... Ainsi, inutile de mettre le couvert; je ne prendrai rien; tu peux enlever.

BLONDEAU.

Minute!.. Eh bien, et moi? (A Victoire.) Au contraire... achève de servir, petite. (A Jouvenel.) A propos, as-tu encore de ton excellent pomard?

JOUVENEL.

Qui te mettait si bien en train, mauvais sujet!

BLONDEAU.

Ah! ah! tu as de la mémoire pour ça, toi.

JOUVENEL.

Je vais à la cave chercher le pomard demandé.

BLONDEAU.

Toi? non pas... (A part.) Il serait capable de me rapporter de la piquette. (Haut.) J'y vais moi-même... je sais le chemin... seulement, si Victoire veut m'accompagner...

VICTOIRE, achevant de dresser le couvert.

Merci, j'ai mieux que ça à faire.

BLONDEAU.

Bien, bien, ça sera pour le second voyage. (Il sort en fredonnant.) Tra, la, la, la!

JOUVENEL, essayant d'ôter sa robe de chambre.

Victoire... aide-moi à me débarrasser de ma robe de chambre... je ne sais pas ce qu'elle a aujourd'hui.

VICTOIRE.

Pardine, je crois ben... elle est trempée comme une éponge...

SCÈNE II.

(Elle tire la robe de chambre de façon à retourner les manches.) Ouf, c'est pas sans peine... j'ai cru qu'il faudrait appeler vot' ami.

JOUVENEL.

Quel ami?

VICTOIRE, lui apportant sa redingote.

Comment? quel ami?... celui de tout à l'heure donc... l'ami de la cave.

JOUVENEL.

J'ai un ami dans la cave?... Ah oui, Blondeau?

VICTOIRE, lui passant sa redingote.

Il a l'air d'un bon vivant tout d' même.

JOUVENEL.

Oui, oui, seulement un peu trop vert pour son âge...

VICTOIRE.

Eh ben, je vous conseille de parler, vous!

JOUVENEL.

Moi?

VICTOIRE.

Dame! pas plus tard qu'hier encore... dans la chambre, ce gros baiser.

JOUVENEL.

Chut!... malheureuse!... tu sais bien que je me suis trompé...

VICTOIRE.

C'est un fier coq-à-l'âne tout d' même.

JOUVENEL.

Puisque je te prenais pour ma femme!

VICTOIRE.

Eh ben, ça lui ferait plaisir si elle savait ça!

JOUVENEL.

Mais j'espère bien que tu n'iras pas lui raconter...

VICTOIRE.

Dame, Monsieur! prendre pour soi ce qu'est pour les autres!...

JOUVENEL.

Mais non... mais non... je te le défends... je te le défends positivement... Tiens... voilà une belle pièce d'or toute neuve... mais tais-toi... au nom du ciel!

VICTOIRE, serrant l'argent à part.

Ça augmentera la tirelire pour le remplaçant de Bastien.

BLONDEAU, rentrant.

Tra, la, la, la... J'en ai pris deux pendant que j'y étais... Débouche-moi ça, petite, et à table!... (A Jouvenel.) Tu ne prends rien, toi, décidément?

JOUVENEL.

Impossible.

BLONDEAU, s'asseyant.

Eh bien, tu me regarderas faire en lisant ce journal que je t'ai apporté.... Tu ne veux pas même un verre de ce bon vin?

JOUVENEL.

Je me contenterai de t'en verser.

BLONDEAU, lui passant son verre.

Contente-toi vite alors... (Il se coupe du pain.)

JOUVENEL, buvant le vin qu'il a versé.

Pas mauvais... pas mauvais du tout, ce vin-là.

BLONDEAU, le regardant.

Eh bien, dis donc?..

JOUVENEL.

Quoi?

BLONDEAU.

Comment, quoi? tu me verses du vin, et tu le bois!

JOUVENEL.

C'est ma foi vrai... (Appelant.) Victoire! Victoire!

VICTOIRE, mettant la volaille sur la table.

Je suis là, Monsieur.

JOUVENEL.

Un autre verre pour M. Blondin.

BLONDEAU.

Blondeau.

VICTOIRE, donnant un verre.

Voilà, Monsieur.

JOUVENEL, se préparant à lui verser du vin.

Veux-tu que je...

BLONDEAU.

Merci... je me verserai bien moi-même. (Il se verse à boire, pendant ce temps-là, Jouvenel a pris l'assiette de Blondeau pour le servir; il y met l'aile de poulet et commence à la manger.)

BLONDEAU, buvant à petites gorgées.

Parfait!... excellent!...

JOUVENEL, la bouche pleine.

Délicieux!... c'est de ma basse-cour.

BLONDEAU, le regardant.

Ah! mais... sapristi!

JOUVENEL.

Quoi?

BLONDEAU.

Eh! parbleu! voilà que tu manges ma volaille maintenant!

JOUVENEL.

Ah! mon ami, pardon... c'est une absence...

BLONDEAU.

Une absence... de déjeuner...

JOUVENEL.

Je suis vraiment désolé...

BLONDEAU.

Et moi, donc!

JOUVENEL.

Victoire, une autre assiette à M. Blondin. (A Blondeau.) Veux-tu que je te serve de ce pâté?

SCÈNE II.

BLONDEAU.

Non... pour Dieu! tiens-toi tranquille... à cause des absences... (Il se sert et mange.) Si c'est comme ça que tu te comportes avec ta femme!..

JOUVENEL, parcourant le journal.

Ma femme?... elle est à... à...

BLONDEAU.

A Paris, je sais ça... et qu'est-ce qu'elle est allée faire là?...

JOUVENEL.

Qui?

BLONDEAU.

Ta femme!

JOUVENEL.

Ma femme? elle est à... à...

BLONDEAU.

A Paris... oui... mais pourquoi? (Criant.) pourquoi?

JOUVENEL, criant.

Eh bien, pour s'entendre avec l'homme d'affaires.

BLONDEAU.

L'homme d'affaires?

JOUVENEL.

C'est qu'elle aime bien sa tante... la pauvre chère dame!... elle commence à se faire vieille... Je la regardais l'autre jour... elle n'a presque plus de dents...

BLONDEAU, lui arrêtant le bras.

Mais l'homme d'affaires? qu'est-ce que ta femme lui veut?...

JOUVENEL.

Ah! mon ami... une occasion superbe... une petite propriété, aux portes de Paris, tout près de sa tante.

BLONDEAU.

Ah bah! tu te rapprocherais?...

JOUVENEL.

Je fais tout ce qu'elle veut, moi, je l'aime tant, ma chère petite femme!... A propos, j'ai des fonds à lui envoyer... tiens, c'est même pour ça que j'ai été ce matin chez le notaire.

BLONDEAU.

C'est-à-dire chez la meunière... manger de la soupe aux choux... si c'est comme ça que tu fais des affaires.

JOUVENEL, la bouche pleine.

J'y retournerai... qu'est-ce que tu cherches donc?

BLONDEAU, cherchant.

Mon pain qui était là.

VICTOIRE, cherchant.

Vot' pain?

JOUVENEL, cherchant.

Tu es sûr?

BLONDEAU.

Tiens, tu le grignotes... (Lui passant le pain entier.) Eh, morbleu! prends cela, si tu as faim.

JOUVENEL.

Eh! non, je n'ai pas faim.

BLONDEAU.

Eh bien! alors, que diable! laisse-moi ma part.

JOUVENEL.

C'est qu'aussi tu n'en finis pas!

BLONDEAU.

Je vais mettre les morceaux double... avec ça que le temps s'éclaircit ; tu m'as écrit que la chasse était superbe dans ce pays-ci, et je suis pressé d'en jouir... mon chef de bureau ne m'a accordé que quinze jours de congé, sans appointements... gare aux bécasses!... tu me connais... (Élevant son verre.) A nos belles chasses d'autrefois... A toutes nos chasses... eh! eh! te rappelles-tu?

JOUVENEL.

Scélérat! il a toujours eu le vin gaillard!

BLONDEAU, trinquant.

Aux anciennes! quand tu étais garçon, comme moi... à Ernestine, la petite Ernestine, que nous avons été chercher un mardi dans la forêt de Fontainebleau où tu l'avais oubliée le dimanche!

JOUVENEL, riant.

Oui... ah! ah! ah!

BLONDEAU.

Et qui depuis ce temps-là ne voulait plus sortir avec toi, sans te tenir en laisse...

JOUVENEL.

Ah! ah! symbole de fidélité!...

BLONDEAU.

De crainte des absences!...

JOUVENEL.

A leur santé!

Refrain de *la Coupe de Galathée*.

Buvons, ami, buvons encore...
Au souvenir de nos amours!
Et puisse un reflet de l'aurore
Dorer le couchant de nos jours!...

(Ils reprennent ensemble.)

Buvons, ami, buvons encore...

(Ils sont interrompus par un coup de sonnette.)

VICTOIRE.

Monsieur, on sonne!...

JOUVENEL.

Qu'est-ce que ça me fait... rien ne doit déranger deux bons amis..

JOUVENEL ET BLONDEAU, trinquant ensemble.

Buvons, ami, buvons encore...

Au souvenir de nos amours!
Et puisse un reflet de l'aurore
Dorer le couchant de nos jours!...

SCÈNE III.

LES MÊMES, VICTOIRE, puis CAROLINE.

VICTOIRE, accourant.

Monsieur, monsieur! Madame...

JOUVENEL, sans se déranger.

Une dame? quelle dame?...

CAROLINE, entrant.

Moi, Monsieur.

JOUVENEL, se levant.

Caroline!

BLONDEAU, de même.

Madame Jouvenel!

JOUVENEL.

Ah! par exemple!... comment, ma bonne amie, déjà de retour?

CAROLINE.

Déjà? le mot est aimable.

JOUVENEL.

Pourquoi donc ai-je dit déjà? Ah! oui... j'étais si loin de m'attendre... la joie... le bonheur...

CAROLINE, avec vivacité.

En effet, vous aviez l'air joyeux... mais que je ne vous dérange pas... vous étiez à table... vous chantiez...

JOUVENEL.

Tu crois? oui, c'était Blondin qui déjeunait là, tout seul... tu le reconnais l'ami Blondet... il arrive aussi...

BLONDEAU, saluant.

Madame, si j'avais pu prévoir...

CAROLINE, saluant.

Monsieur...

JOUVENEL.

Mais enfin, comment se fait-il? par quel hasard?

CAROLINE.

Comment, un hasard?... et ma lettre?

JOUVENEL.

Hein?

CAROLINE.

Ma lettre d'avant-hier qui vous annonçait mon arrivée pour ce matin, huit heures, à la station, où vous deviez venir me prendre avec la petite carriole.

JOUVENEL.

Une lettre!

CAROLINE.

Est-ce que vous ne l'avez pas reçue?

JOUVENEL.

Moi ? attends... Victoire !...

VICTOIRE.

Eh ! oui, Monsieur... hier... cherchez dans vos poches.

BLONDEAU, à part.

Il aura oublié de la lire.

JOUVENEL, trouvant la lettre.

C'est ma foi vrai... (Lisant.) « Après demain jeudi, à la station, à huit heures du matin... »

CAROLINE.

Et il en est onze.

JOUVENEL.

Tu crois ? alors il est trop tard.

BLONDEAU.

Ça sera pour demain.

CAROLINE.

Ainsi, Monsieur, vous m'aviez oubliée ?

JOUVENEL.

Ah ! chère amie... vois-tu, c'est l'arrivée de Blondeau.

BLONDEAU.

Allons-donc ! je suis arrivé à dix heures, et tu ne m'attendais pas non plus.

JOUVENEL, à Caroline.

Mais je t'assure...

CAROLINE.

Taisez-vous ; c'est impardonnable... ne pas venir me chercher ! me laisser là... par quel temps ? la pluie, des chemins défoncés... plus de voitures... comptant sur vous, je les avais laissées partir toutes, et sans la complaisance de Monsieur.. (Elle montre Gustave qui entre avec les paquets de Caroline, que Victoire va prendre.) —

SCÈNE IV.

Les mêmes, GUSTAVE.

JOUVENEL.

Monsieur ?

BLONDEAU, à part.

Tiens, tiens, un jeune homme !

COROLINE, le présentant à son mari.

M. Gustave qui se rendait au château voisin, chez un de ses parents ; sans lui, sans son cabriolet dont il m'a obligeamment offert la moitié, Dieu sait ce que je serais devenue.

GUSTAVE, à Caroline.

J'ai été trop payé de ce léger service, Madame, par le plaisir de faire le voyage en si gracieuse compagnie.

JOUVENEL, à Gustave.

Je ne vous en sais pas moins un gré infini, mon cher Monsieur...

SCÈNE IV.

GUSTAVE.

Ne me remerciez pas, Monsieur, c'est à moi plutôt de remercier Madame.

CAROLINE, à Gustave.

Agréez du moins mes excuses pour avoir retardé votre arrivée au château, en vous détournant de votre chemin.

GUSTAVE.

Je ne m'en suis pas aperçu, Madame; il m'a semblé que je prenais le plus court.

BLONDEAU.

Charmant! charmant! (A part.) Je me reconnais là, moi.

JOUVENEL, à Gustave.

Est-ce heureux que vous vous soyez trouvé juste à point nommé !...

GUSTAVE.

Mais, pas du tout; je revenais aussi de Paris, et j'avais déjà voyagé avec Madame, dans le même vagon...

CAROLINE.

Où Monsieur a eu pour moi mille attentions.

BLONDEAU, à part.

Tiens, tiens !

JOUVENEL, se frottant les mains.

Alors, vous êtes déjà de vieilles connaissances ?... Ah! ah! ah!

BLONDEAU, à part.

Ça le fait rire, ça.

GUSTAVE, à Jouvenel.

Du reste, Monsieur, nous avons beaucoup parlé de vous... Madame était fort inquiète de ne pas vous voir... elle vous croyait malade...

BLONDEAU.

Lui, malade ? allons donc ! il se régalait de soupe aux choux.

JOUVENEL.

Blondeau !...

BLONDEAU.

Sans compter mon déjeuné que j'ai sauvé à grand'peine de sa voracité.

GUSTAVE, à Caroline.

Vous voyez, Madame, que grâce à Dieu, vos appréhensions n'étaient pas fondées.

CAROLINE, piquée.

Oui, en effet, j'avais grand tort; et une autre fois, en pareil cas...

JOUVENEL.

Une autre fois, ma bonne, je pourrais être réellement malade...

BLONDEAU.

Oui, d'indigestion.

JOUVENEL, bas à Blondeau.

Mais veux-tu te taire, tu vois bien qu'elle est piquée.

BLONDEAU.

Écoute donc, je suis franc, moi, il y a de quoi. (Il lui tourne le dos.)

JOUVENEL, croyant toujours parler à Blondeau et s'adressant à Gustave.

Raison de plus... ma femme est charmante... mais d'une susceptibilité! Dès qu'elle s'imagine que je la néglige... bourr!... voilà sa tête qui va... qui va.... c'est que ça pourrait la mener très-loin.

GUSTAVE, à part, riant.

C'est bon à savoir... drôle de confidence !

JOUVENEL, à Caroline.

Allons, ma bonne amie, j'ai eu tort là, j'en conviens.

CAROLINE.

C'est heureux!

JOUVENEL.

Après tout, le mal n'est pas bien grand, puisque Monsieur a eu l'obligeance... (A Gustave.) J'espère, Monsieur, que vous n'allez pas nous quitter sur-le-champ.

CAROLINE.

Vous oubliez, mon ami, que Monsieur est attendu.

GUSTAVE.

Oh ! Madame, attendu !...

CAROLINE.

Vous me l'avez dit.

GUSTAVE.

C'est vrai... mais pas à heure fixe.

JOUVENEL.

Alors, je vous retiens.

CAROLINE.

Mais, mon ami, c'est abuser...

JOUVENEL.

Eh bien! tant pis, j'abuse. Songe donc que sans lui tu serais encore là-bas, à te morfondre. (Il prend le chapeau de Gustave, puis il le met sur sa tête. Blondeau le lui arrache.)

Air : *Un homme pour faire un tableau.*

Si je te vois là près de moi,
Avec bonheur je le proclame,
C'est à Monsieur que je le doi.

(A Gustave.)

Oui, Monsieur, je vous dois ma femme.

GUSTAVE.

Ah! vraiment, vous n'y songez pas!
Pour vous, Monsieur, je m'inquiète,
Car je vous défie, en ce cas,
D'acquitter jamais votre dette.

JOUVENEL.

Ah ! c'est joli, ça.

SCÈNE IV.

BLONDEAU, à part.

Trop jolie!... c'est peut-être heureux que je sois venu ici... Ce pauvre aveugle!...

JOUVENEL, à Gustave.

Ainsi, c'est convenu, vous nous restez quelque temps... Êtes-vous chasseur?...

GUSTAVE, regardant Caroline.

Un peu... mais pour aujourd'hui ne pourrai-je?

BLONDEAU, à Gustave, en se mettant entre eux.

Non, non, vous êtes des nôtres.

JOUVENEL, à Gustave.

Oh! l'ami Blondeau ne vous laissera jamais en arrière.

BLONDEAU.

Parbleu! c'est dans l'intérêt de mes jours.

JOUVENEL.

Comment ça?

BLONDEAU, à Jouvenel.

Je ne chasse jamais avec toi sans risquer de me voir pris pour un lièvre. (A Gustave.) Vous voyez, jeune homme, que c'est une question d'humanité.

JOUVENEL.

Allons, je vais tout préparer.

CAROLINE.

Et moi, je vais donner un coup d'œil à ma toilette.

GUSTAVE, se préparant à lui offrir la main.

Madame...

BLONDEAU, le devançant.

Ah! belle dame, pourquoi parer ce qui n'en a pas besoin? (Il chante.)

Et toujours la nature
Embellit la beauté!

(Il reconduit Caroline et lui baise la main; elle sort.

JOUVENEL.

Voyez... voyez le galantin... (L'appelant.) Blondin!

BLONDEAU.

Blondeau.

JOUVENEL.

Ne vas-tu pas te préparer aussi?

BLONDEAU.

Soit! aux armes!...

ENSEMBLE.

Air de *la Chasse du jeune Henri*.

Nous allons bientôt, dans la plaine,
Nous signaler par nos exploits;
Et tous les trois, de la garenne
Nous serons les Robins des bois.

VICTOIRE, bas à Jouvenel.

A présent qu' Madame est r'venue,
Si j' lui contais vot' distraction...

JOUVENEL, bas.

Diable! non, tais-toi... continue..
Lui donnant une pièce d'or.)
Voilà pour ta discrétion.

VICTOIRE, à part.

Encore un jaunet.

BLONDEAU, prenant Victoire à part.

Ah! friponne,
J'aime ton minois chiffonné!...

VICTOIRE, se dégageant.

Eh ben! Monsieur?

JOUVENEL.

Qu'est-ce?

BLONDEAU.

A ta bonne
Je recommande le dîné.

ENSEMBLE,

Nous allons bientôt, dans la plaine,
Nous signaler par nos exploits;
Et tous les trois, de la garenne
Nous serons les Robins des bois.

(Jouvenel sort à gauche, et Blondeau sort à droite en faisant des signes à Victoire, qui s'éloigne par le jardin.)

SCÈNE V.

GUSTAVE, seul.

Ma foi, puisqu'il le veut... je reste... j'aurais été si désolé de voir s'effacer sitôt cette charmante impression de voyage... Elle est adorable, cette femme-là... gracieuse, spirituelle! et d'une adresse! Comme elle détournait la conversation chaque fois que je voulais lui faire comprendre tout ce que je n'osais lui dire dans un premier tête à tête... et pourtant, j'ai eu tort peut-être... si jamais on a le droit d'aller vite, c'est en chemin de fer... Mais elle paraissait si inquiète de ce mari qui l'avait laissée sans nouvelles!... J'ai cru naïvement à un ménage sentimental... Je me récitais la fable des Deux Pigeons... Et qui est-ce que je trouve en arrivant? un personnage ahuri, pour qui sa femme tombe des nues... un de ces maris sans yeux et sans oreilles, vraies providences des amants... Et sans son ami, autre original qui me gêne un peu, celui-là, j'allais l'envoyer tout seul à la chasse. Mais commençons par nous installer... (Au jardinier qui paraît portant une petite valise.) Eh! l'ami, portez, s'il vous plaît, ces effets dans la chambre qui m'est destinée.

SCÈNE VI.

GUSTAVE, CAROLINE.

CAROLINE, qui est entrée sur les derniers mots.

Ah?... Monsieur nous fait l'honneur?...

GUSTAVE.

Pardon, Madame, je vous parais peut-être bien indiscret. Mais comment résister aux instances de votre mari?

CAROLINE.

Je crains, Monsieur, que votre famille ne s'inquiète...

GUSTAVE.

Nullement, Madame; au surplus, je vais écrire; on ne s'étonnera pas que je me sois arrêté, à cette époque, chez le premier chasseur du pays.

CAROLINE.

Mon mari?... ah! ah! ah! un habile homme en effet!...

GUSTAVE.

J'ai dû le croire, Madame, en le voyant si pressé de se mettre en campagne, au moment où vous arrivez, après une si longue séparation...

CAROLINE.

Oh!... une semaine au plus...

GUSTAVE.

Un siècle, Madame, loin d'une femme aussi accomplie!...

CAROLINE.

Monsieur!...

GUSTAVE.

Certes, je ne voudrais rien dire qui pût aggraver ses torts; mais franchement ils sont impardonnables... quand vous preniez à lui un intérêt qui me touchait moi-même, il était là, le verre en main!... vous revenez, il vous quitte... vous qu'il suffit d'avoir vue un instant pour comprendre qu'il n'est pas de bonheur sans votre présence!... (Mouvement de Caroline.) Oh! rassurez-vous, Madame, le respect m'imposera silence... tous mes vœux se borneront à vous contempler, à respirer le même air que vous, et jamais, je vous le jure, jamais un seul mot de mon amour...

CAROLINE.

De votre amour, Monsieur!...

GUSTAVE.

Ah! pardon, Madame, cet aveu m'est échappé malgré moi.

CAROLINE, troublée.

En vérité, Monsieur, c'est abuser étrangement... et si j'avais pu prévoir qu'en acceptant un service de vous...

GUSTAVE.

Oh! ne me dites pas que vous en avez du regret, Madame... vous attristeriez le plus doux souvenir de ma vie... j'ai eu tort, mille fois tort... mais vous qui êtes si belle, vous devez être bonne... Ah!... ne me pardonnerez-vous pas?...

CAROLINE.

Peut-être... à une condition.

GUSTAVE.

Laquelle, Madame?

CAROLINE.

Vous devez comprendre qu'après ce qui vient de se passer, vous ne sauriez vous arrêter ici plus longtemps.

GUSTAVE.

Ah! Madame, puis-je vous obéir? J'ai promis à ces Messieurs... comment me dégager?

CAROLINE.

C'est à vous de trouver un prétexte...

GUSTAVE.

J'ai bien peu d'imagination, Madame.

CAROLINE.

C'est-à-dire que vous me refusez?

GUSTAVE.

Nullement, Madame, je ferai tous mes efforts... je vais réfléchir aux moyens de me rendre... le plus infortuné des hommes... car renoncer à vous voir...

CAROLINE.

Monsieur...

GUSTAVE.

Ah! plaignez-moi!

ENSEMBLE.

CAROLINE.

Je réclame votre parole;
Il faut oublier tout espoir,
Et ce départ qui vous désole
Plus que jamais est un devoir.

GUSTAVE.

A cet arrêt qui me désole
Et qui me défend tout espoir,
Il n'est rien qu'ici je n'immole,
Hormis le bonheur de vous voir.

GUSTAVE, à part.

Elle me craint; la chose est sûre;
Elle est émue en m'écoutant;
Ce début est de bon augure;
Ne songeons qu'à gagner du temps.

REPRISE DE L'ENSEMBLE.

(Gustave salue Caroline et sort.)

SCÈNE VII.

CAROLINE, puis JOUVENEL.

CAROLINE, seule.

Il ne veut pas partir, je le vois bien; il le faut cependant, il le faut absolument; car, malgré moi, en comparant ses procédés à ceux de... ah! monsieur Jouvenel, voilà pourtant à quoi vous m'exposez!

JOUVENEL, entrant; il a une gibecière placée à rebours sur sa redingote, et des guêtres par-dessus son pantalon, il tient un fusil à la main.

Me voilà... tiens, Blondeau n'est pas encore là?... et notre jeune homme!... notre aimable voisin?

CAROLINE.

Monsieur Gustave ne sera pas des nôtres.

JOUVENEL, cherchant dans sa carnassière et dans ses poches.

Bah? pourquoi donc?... allons, bon! qu'est-ce que j'ai fait de mes capsules? où diable ai-je fourré mes capsules à présent?...

CAROLINE.

Voudriez-vous m'écouter un instant?

JOUVENEL.

Comment donc? mais toujours. (Lui tendant son fusil.) Tiens moi çà!...

CAROLINE, reculant avec frayeur.

Ah!

JOUVENEL.

N'aie donc pas peur, il n'est pas chargé. (Il pose le fusil contre le mur.) Je les aurai laissées là-haut, dans le placard... (A Caroline.) Où vas-tu donc?

CAROLINE.

Puisque vous ne m'écoutez pas!

JOUVENEL, cherchant toujours.

Eh! si fait, parle toujours; mais je vois ce que c'est; tu as de l'humeur... pour l'affaire de ce matin... n'est-ce pas? mon Dieu! ce n'est pas ma faute... hier, en me couchant, je me disais. . (Avec joie.) Ah! les voilà... non, c'est le petit plomb... (Mouvement d'impatience de Caroline.) Je me disais que... là, tu m'as fait perdre le fil.

CAROLINE.

Hier, vous disiez, en vous couchant...

JOUVENEL.

Ah! c'est ça... je me disais : n'oublions pas que je dois me rappeler que demain matin il faut que je me souvienne de penser à faire quelque chose. . seulement, j'ai cru que c'était d'aller chez le notaire.

CAROLINE.

Oui, en effet, ces fonds que j'attendais à Paris, depuis huit jours, les a-t-il enfin expédiés?

JOUVENEL.

Je ne pense pas.

CAROLINE.

Pourquoi cela? puisque vous l'avez vu?

JOUVENEL.

Mais non, je ne l'ai pas vu! J'ai vu la meunière.

(Chantant.)
Du moulin à vent.

CAROLINE.

Est-il possible?... ainsi, les fonds...

JOUVENEL, trouvant ce qu'il cherchait.

Ah! tiens, je les ai!...

CAROLINE.

Les fonds?

JOUVENEL.

Les capsules... ah! ah! par exemple! j'aurais bien juré qu'elles étaient dans le placard.

CAROLINE.

Avez-vous fini?

JOUVENEL, l'embrassant sur le front.

Oui, ma petite femme, oui.

CAROLINE.

De sorte que l'argent n'est pas arrivé à Paris, et que notre acquisition est manquée... moi qui m'en faisais une fête!

JOUVENEL.

Ne te tourmente pas, je cours chez le notaire.

CAROLINE.

Dans cet équipage de garde champêtre?... mais d'abord laissez-moi vous dire...

JOUVENEL.

Aussi, c'est là faute de Blondeau qui est arrivé là comme une bombe... Ah çà! qu'est-ce qu'il fait donc? (Appelant.) Eh! Blondeau!...

CAROLINE.

Pour la dernière fois, vous ne voulez pas m'écouter?

JOUVENEL.

Mais je ne fais que ça... Mon Dieu! que tu es donc mal disposée aujourd'hui!...

CAROLINE.

Ah! c'est qu'aujourd'hui vous êtes d'une maladresse!...

JOUVENEL, laissant tomber ses capsules.

Oui, il y a des jours...

CAROLINE.

Enfin, vous savez combien j'aime à vivre de notre vie intérieure...

JOUVENEL.

Et moi donc! chère petite femme!

SCÈNE VII.

CAROLINE.
Pourquoi alors inviter des étrangers?

JOUVENEL, occupé à ramasser ses capsules.
Blondeau n'est pas un étranger... mais tu as toujours eu des préventions contre lui.

CAROLINE.
Monsieur Blondeau n'est pas le seul... mais malheureusement vous agissez toujours sans réfléchir, sans me consulter, au risque de me compromettre...

JOUVENEL, prêtant plus d'attention.
Par exemple!... et comment ça?...

CAROLINE.
Il me semble que j'en ai dit assez; vous devez bien me comprendre.

JOUVENEL.
Mais pas du tout... de quoi s'agit-il donc?

CAROLINE.
Eh bien! avec un peu plus de prudence, vous auriez pu m'épargner certains hommages, certaines déclarations...

JOUVENEL.
Ah bah!... des déclarations?... à toi?...

CAROLINE.
Est-ce donc si étonnant?

JOUVENEL.
Je crois bien que c'est étonnant!

CAROLINE.
Eh bien! merci.

JOUVENEL, se reprenant.
Mais non... quand donc cela?

CAROLINE.
Tout à l'heure, ici même.

JOUVENEL.
Par exemple!... diable! diable!

CAROLINE.
Mais ce n'est pas tout.

JOUVENEL.
Comment, ce n'est pas tout?

CAROLINE.
Malgré ce que j'ai pu lui dire pour l'engager à quitter cette maison, j'ai lieu de croire qu'il veut rester ici... et votre partie de chasse lui sert de prétexte.

JOUVENEL.
Quelle abomination! voilà donc pourquoi, en entrant, je t'ai trouvée toute émue, toute agitée?

CAROLINE.
Précisément, mon ami; j'espère donc que vous allez lui faire entendre que sa présence...

JOUVENEL.
Comment donc, mais tout de suite... l'hypocrite fieffé!... oser

venir jusques chez moi, presque sous mes yeux, offenser ma femme, ma Caroline !... sois tranquille, va, je lui donnerai une leçon !...

CAROLINE.

Surtout, mon ami, de la prudence... pas de querelle, pas de bruit !...

JOUVENEL.

Du bruit? allons donc !... seulement un petit speech bien senti qui le fera rougir... (A part.) s'il est encore capable de rougir, l'effronté... (Haut.) et si ça ne suffisait pas, morbleu !... (Il brandit son fusil.)

CAROLINE.

Mon ami !

JOUVENEL.

Mais ça suffira. (Il repose son fusil dans un coin.)

CAROLINE, voyant entrer Blondeau.

Quelqu'un !... monsieur Blondeau.

JOUVENEL, à part.

Lui?... (Haut.) va, ma bonne, laisse-moi.

CAROLINE.

Ainsi, vous me promettez d'être calme?

JOUVENEL.

Parfaitement calme.

CAROLINE, à part.

J'ai fait ce que je devais. (Elle sort.)

SCÈNE VIII.

JOUVENEL, BLONDEAU.

JOUVENEL.

Approchez, Monsieur, approchez.

BLONDEAU, regardant autour de lui.

Monsieur !

JOUVENEL, à part.

Ces vieux célibataires, ça ne respecte rien.

BLONDEAU.

A qui en as-tu donc?

JOUVENEL.

A vous, monsieur Blondeau; je sais de vos nouvelles.

BLONDEAU, riant.

Vrai? sont-elles bonnes? (Chantant.) Ma santé, comment va-t-elle?

JOUVENEL.

Il ose rire, après sa conduite? vous n'avez pas de honte ! ne quitterez-vous donc jamais ces façons de joconde?

BLONDEAU.

Plaît-il?... (A part.) ah! j'y suis... Victoire aura bavardé.

SCÈNE VIII.

JOUVENEL.

Un homme de votre âge!

BLONDEAU.

Mon âge! mon âge! que diable! je ne suis pas encore si décrépit...

JOUVENEL.

Malheureusement!... malheureusement pour ceux qui vous donnent l'hospitalité... l'hospitalité, cette sainte chose respectée de tout temps, et chez tous les peuples!...

BLONDEAU.

Y compris les Écossais. (Chantant.)

Chez les montagnards écossais
L'hospitalité se donne...

JOUVENEL, continuant.

Et ne se vend jamais...

TOUS DEUX, ensemble.

Non, jamais, jamais, jamais!

BLONDEAU.

Eh bien! viens-tu chasser?

JOUVENEL.

Chasser?... Ah! ce mot me rappelle tous mes griefs? Chasser?... Pour m'éloigner d'ici, n'est-ce pas? et pour y revenir en tapinois, te livrer à tes déportements?

BLONDEAU, à part.

C'est ça, la petite sotte a parlé.

JOUVENEL.

Et moi qui reprochais à ma femme ses préventions contre lui!... pendant qu'il insultait mes foyers.

BLONDEAU.

Eh! mon Dieu! voilà bien du bruit pour peu de choses!... Aussi c'est la faute de ton diable de pomard.

JOUVENEL.

L'ivresse n'est jamais une excuse.

BLONDEAU.

Allons, bon! j'étais ivre maintenant!

JOUVENEL.

Il le fallait, Monsieur, pour se conduire ainsi chez un ami.

BLONDEAU.

Ne dirait-on pas que j'ai commis des énormités? Voilà qui est trop fort, par exemple; je te trouvais déjà un peu bégueule... mais à présent... Comment, parce que j'ai conté quelques fleurettes en passant, serré une jolie taille...

JOUVENEL.

Hein?

BLONDEAU.

Eh! mon Dieu! oui; pas davantage. Ah! si fait... je lui ai pincé le menton.

JOUVENEL, bondissant.

Pincé le menton ! sapristi ! elle ne m'avait pas dit ça !... Sors d'ici, malheureux !

BLONDEAU.

Voyons, Jouvenel, si tu plaisantes...

JOUVENEL.

Je vous défends de me tutoyer... va-t'en.

BLONDEAU.

Vous me chassez, Monsieur ?

JOUVENEL.

Oui, Monsieur.

BLONDEAU.

Pour des fariboles ?

JOUVENEL.

Des fariboles ! Le malheureux a perdu le sens moral.

BLONDEAU.

Il suffit, Monsieur, je serai parti dans dix minutes.

JOUVENEL.

A la bonne heure.

BLONDEAU.

C'est inouï ! m'inviter à venir chez lui...

JOUVENEL.

Je croyais inviter un galant homme, et non pas un bachi-bouzouck.

BLONDEAU.

Il est fou !

ENSEMBLE.

BLONDEAU.
Quelle fureur le transporte
Contre son ancien ami !
C'est moi qu'il jette à la porte !
Entre nous tout est fini.

JOUVENEL.
Me voir trahi de la sorte
Par un déloyal ami.
Qu'il me redoute, qu'il sorte !
Entre nous tout est fini.

(Blondeau sort.)

SCÈNE IX.

JOUVENEL, puis CAROLINE.

JOUVENEL, seul.

Fiez-vous donc aux amis !... Un homme mûr !... Vieux voltigeur, va !... Monsieur fait le léger ! il joue au papillon !... Tiens, à propos de... j'ai oublié de lui montrer ma collection... (Il prend sur la table une grande boîte à compartiments.) Dis donc, Blondeau... (S'arrêtant.) Mais non... il ne la verra pas... Tu ne la verras pas, Judas!... ce sera ta punition!... (Regardant dans la boîte.) Ah çà! mais, je ne vois pas le dernier, le petit rouge... Ah! le voilà.

CAROLINE.

Eh bien, mon ami, lui avez-vous parlé?

JOUVENEL.

A qui?

CAROLINE.

Eh bien, à ce Monsieur...

JOUVENEL.

Ah! oui, oui... je lui ai dit son fait.

CAROLINE.

Avec ménagement, n'est-ce pas?

JOUVENEL.

Parbleu!... Je l'ai jeté à la porte.

CAROLINE.

Ah! vous m'aviez promis...

JOUVENEL.

Que veux-tu? je n'ai pas pu y tenir... au lieu de s'excuser, Monsieur riait, goguenardait... Je me suis fâché tout rouge... lui aussi... (Montrant la boîte à sa femme.) Un rouge superbe... Vois donc... a-t-il de belles couleurs, celui-là! (Il prend le papillon qui est attaché à une épingle.)

CAROLINE.

Eh! il est bien question!...

JOUVENEL, piquant le papillon sur son bras.

Aïe!... ce n'est rien...

CAROLINE.

Aussi donc, il est décidé à partir?

JOUVENEL.

Tout de suite; il n'y a pas de danger qu'il revienne... d'abord, sa vue seule me mettrait hors de moi, et je serais capable!...

CAROLINE, voyant entrer Gustave.

Ah!

SCÈNE X.

Les mêmes, GUSTAVE.

JOUVENEL, à Gustave.

Ah! vous voilà?

CAROLINE, effrayée.

Mon ami, pas de violence!

JOUVENEL.

Quoi? comment? tu vois bien que c'est notre cher hôte...

CAROLINE, stupéfaite.

Plaît-il?

JOUVENEL, à Gustave, en le prenant par le bras.

Eh bien! avez-vous écrit là-bas pour vous dégager?

GUSTAVE.

Mais... pas encore...

JOUVENEL.

Mais il le faut, jeune homme, il le faut absolument.

CAROLINE, bas à son mari.

Que dites-vous?

JOUVENEL.

D'abord, j'ai besoin de vous pour me distraire du départ de Blondeau.

GUSTAVE.

Ah! monsieur Blondeau nous quitte? (A part.) Tant mieux!

JOUVENEL, faisant des signes à sa femme.

Une affaire imprévue le rappelle à Paris... n'est-ce pas, Caroline?

CAROLINE.

C'est possible?.. j'ignorais...

GUSTAVE.

Et la partie de chasse?...

JOUVENEL.

Nous avons le temps... demain, après demain... d'ici-là, je vous montrerai mes collections... surtout celle des mollusques... ma spécialité... eh! parbleu, elle est là-haut, à côté de votre chambre... A propos, êtes-vous content de votre chambre?

GUSTAVE.

Enchanté... une vue délicieuse. (Regardant Caroline.) Comme toutes celles que l'on rencontre ici.

JOUVENEL.

N'est-ce pas? eh bien, plus vous les connaîtrez, plus vous les admirerez.

GUSTAVE, avec intention.

Je le crois comme vous.

JOUVENEL.

Et pour peu que vous dessiniez...

GUSTAVE.

Mais oui, un peu.

JOUVENEL.

Tiens! juste comme ma femme!

GUSTAVE.

En vérité?... quoi, Madame?...

JOUVENEL.

Un très-joli talent de paysagiste... as-tu là ton album, chère amie?

CAROLINE, boudant.

Non vraiment.

JOUVENEL.

Quel dommage! cherche un peu.

SCÈNE X.

CAROLINE.

Inutile.. je l'ai laissé au belvédère.

JOUVENEL.

Au fond du jardin? au fait, c'est de là que tu prends tes points de vue... (A Gustave.) Un panorama superbe! je le signale à vos crayons... des bois, des pâturages... avec une rivière qui fait des zigzags, ah! si je savais dessiner! (A Caroline.) Tu devrais y conduire Monsieur.

CAROLINE.

Moi?

JOUVENEL, à Caroline.

Il faut bien le distraire un peu, si tu ne veux pas qu'il nous quitte.

CAROLINE, à part.

Quel homme!.. après ce que je lui ai dit! (Haut.) Mais Monsieur, pourquoi ne pas aller vous-même?...

JOUVENEL.

Est-ce que j'ai le temps?... Une affaire importante... car j'ai fait un double nœud à mon mouchoir... seulement, pourquoi ai-je fait un double nœud... Ah! ce notaire, cet introuvable notaire! tu comprends, s'il m'attend depuis huit heures... Allons, va prendre ton manteau et ton chapeau, ma bonne amie... l'air est frais, le sable humide, et je n'entends pas que tu t'enrhumes, pauvre chérie!

CAROLINE, à part.

Allons! puisqu'il le veut!

GUSTAVE.

Délicieuse promenade! (A part.) Ma foi, si je n'en profitais pas, je mériterais de figurer dans sa collection. (Haut.) en attendant Madame, je cours vite écrire quelques lignes.

Final du *Comte Ory.*

ENSEMBLE.

GUSTAVE, à part.
Ah! quel espoir, doux à mon cœur,
   Aujourd'hui se révèle!
   Au rendez-vous fidèle,
Je viendrai chercher le bonheur.

CAROLINE, à part.
Quand le danger, qui me fait peur,
   A ses yeux se révèle;
   D'embrasser ma querelle,
Monsieur ne me fait pas l'honneur.

JOUVENEL, à Gustave.
De la conduire, à vous l'honneur!
   Lorsqu'un devoir m'appelle,
   Au rendez-vous fidèle,
Je dois vous céder ce bonheur.

(Caroline sort à droite, et Gustave à gauche.)

SCÈNE XI.

JOUVENEL, VICTOIRE, puis BLONDEAU.

JOUVENEL, ôtant sa carnassière.

Préparons-nous. (Appelant.) Victoire!

VICTOIRE, accourant.

Monsieur!

JOUVENEL.

Vite, ma redingote!... eh bien, qu'est-ce qu'elle a à me rire au nez?

VICTOIRE, riant.

Dame, Monsieur, vous me demandez vot' redingote, et vous l'avez sur le dos.

JOUVENEL.

Tiens, c'est vrai!... alors, je m'en vais.

VICTOIRE.

Sans chapeau?

JOUVENEL.

Eh bien! pourquoi ne me le donnes-tu pas? Cette fille n'a pas la moindre tête... il faut que je pense à tout.

VICTOIRE, lui apportant son chapeau.

Voilà, Monsieur.

JOUVENEL, mettant son chapeau sur sa tête.

Bien... à présent, mes gants. (Il tire de sa poche plusieurs gants et les essaie.) Conçoit-on ça? je ne trouve que des gants de la main gauche... ah!... (Il en prend un dépareillé et le met à sa main droite.) Voilà la paire... (Il le déchire.) Crac!

VICTOIRE.

Mais, Monsieur, c'est un gant de Madame... v'là les vôtres... (Elle lui donne une paire de gants et emporte les autres.)

BLONDEAU, entrant, il a repris tout l'attirail de voyage et les paquets qu'il avait au lever du rideau.

Comme c'est agréable! à peine arrivé et débotté...

VICTOIRE, le rencontrant, pendant que Jouvenel est occupé à mettre ses gants.

Tiens? où donc allez-vous comme ça, Monsieur?

BLONDEAU.

Parbleu, je retourne à Paris, chez moi.

VICTOIRE.

Ah bah! pourquoi donc ça?

BLONDEAU.

Tu me le demandes, petite couleuvre?... comme si je t'avais fait bien du mal en te pinçant le menton! voilà-t-il pas de quoi crier si fort et brouiller deux amis?

VICTOIRE.

Moi, Monsieur? mais je n'en ai pas ouvert la bouche... jamais je ne dis ces choses-là, moi, au grand jamais... demandez plutôt à Bastien.

BLONDEAU.

Ah çà! il m'a donc vu, alors?... lui qui ne vois jamais rien.

VICTOIRE.

Demandez-y... il est là...

SCÈNE XII.

BLONDEAU, JOUVENEL.

JOUVENEL, assis, son chapeau sur la tête.

Voyez si elle finira de m'apporter mon chapeau... on a le temps de lire son journal... justement, le voilà... (Il prend le journal sur la table.)

BLONDEAU, le regardant, à part.

Quitter ainsi un ancien ami.... ça fait mal! avec ça que je comptais si bien employer mes quinze jours de congé... sans appointements... nourri, défrayé de tout ici, je me serais rattrapé... ingrat! moi qui surveillais ton ménage, moi qui aurais pu te préserver des accidents...

JOUVENEL, riant, en lisant le journal.

Ah! ah! ah!

BLONDEAU, à part.

Il rit, le sans-cœur!...

JOUVENEL, de même.

Ah! ah! ah! quelle farce!... ah! ah!

BLONDEAU, à part.

Le voilà de bonne humeur à présent!... il ne pense donc plus... ah! mais alors... (Il se débarrasse tout doucement de son attirail de voyage.)

JOUVENEL.

Ah! ah! ah! c'est très-drôle!... ah! ah! ah!

BLONDEAU, s'approchant de Jouvenel et riant aussi.

Ah! ah! ah!

JOUVENEL, à Blondeau.

Ah! c'est toi?... ah! ah! ah!

BLONDEAU.

Oui, c'est moi... ah! ah! ah!

JOUVENEL.

Tu as lu ça?

BLONDEAU.

Oui, j'ai lu ça... l'histoire des Bobies.

JOUVENEL.

En Amérique.... les poupons... les nourrissons appelés à concourir pour le prix de bonne santé, et la médaille de belle venue...

BLONDEAU.

Oui... oui...

JOUVENEL.

Et les mamans qui se battent... ah! ah!

BLONDEAU.

Très-bien... très-bien... mais il y a aussi un autre article... encore plus curieux...

JOUVENEL.

Bah!

BLONDEAU.

Un fait très-rare, très-extraordinaire...

JOUVENEL.

Où donc?...

BLONDEAU, lui indiquant une page quelconque.

Là... quelque part... lis-moi ça... nous en causerons après dîner... à quelle heure dînes-tu?...

JOUVENEL.

A cinq heures.

BLONDEAU.

Bon, je vais faire ma barbe...

JOUVENEL, cherchant le journal.

Mais je ne vois pas...

BLONDEAU.

Là... à la deuxième colonne, ou à la troisième. (Pendant que Jouvenel est occupé à chercher, Blondeau rassemble tous ses effets et s'esquive vers la porte.) Eh! allez donc! ce n'est pas plus difficile que ça.

VICTOIRE, le rencontrant à la porte.

Tiens! vous restez donc à c't' heure?

BLONDEAU, bas.

Chut! il a tout oublié... (Lui donnant une pièce de cinq francs.) Prends ça, pour ton magot, et motus. (A part.) Je suis sauvé. (Il sort.)

SCÈNE XIII.

JOUVENEL, VICTOIRE.

JOUVENEL, cherchant toujours dans le journal.

Quelque chose de rare et d'extraordinaire... (Lisant.) « M. Biétry « prie le public de ne pas confondre sa maison... » (S'interrompant.) J'ai déjà entendu parler de ça.

VICTOIRE, elle tient un sac d'argent.

Monsieur!... (A elle-même.) En voilà encore une bonne!... (Criant plus fort.) Monsieur!

JOUVENEL.

Quoi? qu'est-ce que c'est? vous voyez bien que je suis occupé.

VICTOIRE.

Oh! ne vous fâchez pas : Je garderai le sac, si ça vous gêne.

JOUVENEL.

Le sac?

VICTOIRE.

Quatre cents francs, en bons écus, que le meunier vient de me remettre.

SCÈNE XIII.

JOUVENEL.

Ah! oui... le prix de son fermage.

VICTOIRE.

Que vous aviez oublié de rapporter ce matin.

JOUVENEL.

Attends, que je donne une quittance.

VICTOIRE.

Mais non, puisque vous l'avez faite chez lui! si c'étaient pas des honnêtes gens pourtant!

JOUVENEL, prenant le sac.

Tu dis quatre cents?

VICTOIRE.

Dame! vous devez ben savoir. (A part.) Dire qu'il ne me faudrait pus que cinquante écus pour acheter mon homme, et pour me marier tout de suite! oh! une idée! si je pouvais, d'avance sur mes gages... tâchons pour voir. (Feignant de pleurer et s'essuyant les yeux avec son tablier.) Le compte y est-il, Monsieur?

JOUVENEL, comptant.

Je vais te dire ça, mais il n'y a pas de quoi pleurer.

VICTOIRE.

Faites vite, je vous en prie, car je n'y tiens pus, d'abord...

JOUVENEL.

Eh mais, ma pauvre fille, qu'est-ce qu'il y a donc?

VICTOIRE.

Il y a... ah! ah! ah! il y a que mon mariage est flambé... eh! eh! eh!

JOUVENEL.

Flambé?

VICTOIRE.

Mon Dieu! oui, vu que Bastien ne veux plus... hu... hu... à cause de ce que vous savez... eh! eh!

JOUVENEL.

Moi?

VICTOIRE, bas.

Eh oui, la chose d'hier... vous savez ben... ces deux baisers.

JOUVENEL.

Deux? ce matin, tu disais un.

VICTOIRE.

Deux, Monsieur, et qui en valaient quatre, à ce que dit Bastien.

JOUVENEL.

Tu lui as donc conté...

VICTOIRE.

Oh! non, Monsieur; mais il les a entendus de là-bas, du carré d'artichaux... Oh! oh! oh!...

JOUVENEL.

Par exemple!

VICTOIRE.

Et maintenant v'là c't homme tout furibond, et qui ne veut

pas croire que vous vous trompiez... eh! eh! eh! si Monsieur voulait lui dire lui-même...

JOUVENEL.

Moi! aller raconter à mon jardinier!... non pas...

VICTOIRE, éclatant.

Ah ben! pour lors, heu! heu! tout est fini... hi... hi... hi...

JOUVENEL.

Tais-toi donc, si ma femme t'entendait!...

VICTOIRE.

Ah! oui, la pauvre chère dame!... si mon mariage manque, elle voudra savoir le pourquoi... et faudra ben lui dire..

JOUVENEL.

Garde-t'en bien... calme ton amoureux; rassure-le, que diable!

VICTOIRE.

Il dit comme ça qu'une fille qui n'a rien doit être encore pus escrupuleuse qu'une qui a de quoi. Ah! si j'avais les cinquante écus qui me manquent!

JOUVENEL.

Cinquante écus... peste!

VICTOIRE.

Si Monsieur voulait tant seulement me les retenir sur mes gages... (Criant plus fort.) sur mes gages.

JOUVENEL.

J'entends bien... mais il y en aurait pour un an...

VICTORINE, recommençant à pleurer.

Ah! ah! que j' sis donc malheureuse!

JOUVENEL.

Plus bas donc! Sois malheureuse, plus bas!

VICTOIRE.

Peut-êt' ben que madame consentira... ah! ah! ah! je vas l'y demander.

JOUVENEL, l'arrêtant.

Pas du tout, je te le défends... Voyons ne pleure plus, je vais te les donner.

VICTOIRE, avec explosion.

Vrai, Monsieur? ah! Monsieur!

JOUVENEL.

Chut donc! chut!

VICTOIRE.

Ah! Monsieur, j' sis pas une ingrate, et vous serez le parrain de mon premier, et de mon second aussi...

JOUVENEL.

Et du troisième, et de toute la nichée... merci, mais surtout, tais-toi, et laisse-moi te compter ce qu'il te faut.

VICTOIRE.

Oui, Monsieur. (On entend un coup de sonnette.)

JOUVENEL.

On a sonné.

VICTOIRE.

C'est ce jeune Monsieur qui a une lettre à me remettre pour envoyer au château.

JOUVENEL.

Va vite.

VICTOIRE.

Mais, Monsieur... (Nouveau coup de sonnette.)

JOUVENEL.

Va donc... il s'impatiente.

VICTOIRE.

Je reviens tout de suite..., ne vous embrouillez pas dans l'addition. (Elle sort en courant.) J'aurai mon homme!

SCÈNE XIV.

JOUVENEL, puis CAROLINE.

JOUVENEL, comptant.

90, 95, 100... dieu que c'est cher! pour un méchant baiser, dont je ne me suis pas même aperçu... enfin, si j'en suis quitte... nous disons... allons, bon! il faut que je recommence... 5, 10, 15...

CAROLINE, entrant, elle tient son chapeau à la main.

(A elle-même.) Je ne sais... mais à présent que mon premier dépit est apaisé, je ne puis me résoudre... (Apercevant son mari.) Que fait-il donc là? ah! il aura été chez le notaire, et il s'occupe de l'envoi des fonds... à la bonne heure... ce pauvre ami!... allons, décidément, je n'irai pas. (Elle pose son chapeau sur un meuble, qu'elle heurte légèrement.)

JOUVENEL, sans se retourner et croyant parler à Victoire.

Ah! te voilà revenue?... (Tendant l'argent.) Tiens, Victoire...

CAROLINE, s'approchant.

Hein?

JOUVENEL, de même.

Voilà tes cinquante écus...

CAROLINE

Monsieur!

JOUVENEL.

Chut!... et surtout que ma femme ne sache jamais que je t'ai embrassée.

CAROLINE, recevant l'argent.

Ah!

JOUVENEL, comptant l'argent qui reste.

A présent, qui de 400 ôte 150... il faut une plume pour ça.

CAROLINE, à part.

De l'argent à Victoire pour acheter son silence?... ah! c'est indigne! et moi qui avais la bonté!... je lui pardonnais tout, mais ceci... jamais... et pour commencer... (Elle va reprendre son chapeau.)

SCÈNE XV.

Les mêmes, VICTOIRE, puis BLONDEAU.

VICTOIRE, à la cantonade et tenant une lettre à la main.

Suffit, Monsieur, je vas l'envoyer par Bastien. (A Jouvenel.) Dites donc, Monsieur.

JOUVENEL.

Quoi?

VICTOIRE, bas.

Mes cinquante écus, s'il vous plaît?

JOUVENEL, ahuri.

Quoi? quels cinquante écus?

VICTOIRE.

Eh ben! ceux que vous devez me donner.

JOUVENEL.

Que je t'ai donnés, tu veux dire.

VICTOIRE.

A moi?

JOUVENEL.

Sans doute; là, tout à l'heure.

VICTOIRE.

Seigneur Dieu! en v'là encore, une absence!

JOUVENEL.

Comment!

VICTOIRE.

Mais vous ne m'avez rien donné du tout... (Elle retourne ses poches.) C'est que j'sis une honnête fille, moi! fouillez moi plutôt.

BLONDEAU, entrant.

Ah! mon Dieu qu'est-ce qu'il y a donc encore? (Il se tient au fond.)

VICTOIRE, à Jouvenel.

Tenez, v'là mes clés... (Jouvenel les prend.) Ça, c'est la lettre de ce Monsieur... (Jouvenel la prend.) ça, c'est les cent sous de monsieur Blondeau, votre vieux mauvais sujet d'ami.

BLONDEAU, à part.

Hein? (Jouvenel va pour prendre aussi la pièce de cinq francs, mais Victoire la retient.)

VICTOIRE.

Et puis rien... voyez voir.

JOUVENEL.

Ah! c'est trop fort! vous oseriez soutenir en face?...

VICTOIRE.

Mais oui...

JOUVENEL, exaspéré.

Ah çà! mais alors c'est une exploitation générale... ça ne s'arrêtera jamais... tenez, prenez le sac, prenez-le, et tout ce qu'il y a dans le secrétaire, et le secrétaire aussi, et le mobilier, et la maison aussi, et Blondeau aussi, prenez tout, emportez tout, mais que ça finisse, morbleu, que ça finisse! (Il tombe dans un fauteuil.

CAROLINE, qui s'était tenue à l'écart s'approchant de Jouvenel.

Calmez-vous, Monsieur; c'est moi qui ai reçu cet argent.

JOUVENEL, se relevant vivement.

Toi!

CAROLINE.

Moi-même, à qui vous l'avez remis tout à l'heure, en me disant : Victoire...

JOUVENEL.

Ah! mon Dieu! alors, tu sais...

CAROLINE.

Tout, Monsieur : ah! c'est indigne!

JOUVENEL.

Mais non, mais non, je te jure que ce baiser donné à Victoire...

VICTOIRE, à part.

Patatras!

CAROLINE, avec dignité.

Ah, Monsieur!... Assez de scandale.

BLONDEAU, à part.

Il a embrassé sa bonne! voilà donc pourquoi il était jaloux de moi.

JOUVENEL, à Caroline.

Mais puisque c'était un quiproquo!...

CAROLINE.

Je ne vous demande aucune explication.

SCÈNE XVI.

LES MÊMES, GUSTAVE.

GUSTAVE, à Caroline.

Me voici à vos ordres, Madame... voulez-vous accepter mon bras?

CAROLINE.

Avec plaisir, Monsieur. (Elle prend le bras de Gustave.)

BLONDEAU, à part.

Diable!...

JOUVENEL.

Où allez-vous donc?...

GUSTAVE.

Au belvédère... vous savez bien... vous dites que le pays est si beau!

BLONDEAU, à Jouvenel

Tu ne les accompagnes pas?

JOUVENEL.

Plus tard... quand j'aurai lu ma correspondance... (Il ouvre la ettre qu'il avait gardée dans sa main.) Qu'est-ce que c'est que ça! (Il lit tout haut.) « Mon cher cousin... » (S'interrompant.) Tiens, j'ai donc un cousin? (Lisant.) « Mon cher cousin, ne m'attends pas « aujourd'hui... » (S'interrompant.) Je n'attends pas de cousin, moi.

GUSTAVE, à part.

Ah! mon Dieu!

JOUVENEL, lisant.

« J'ai ébauché en route une charmante conquête... »

GUSTAVE, à Caroline.

Venez-vous, Madame? (Il va l'emmener.)

CAROLINE, l'arrêtant.

Attendez.

JOUVENEL, lisant.

« Tout me favorise... la mutinerie ravissante de la petite « femme, la tête phénoménale du mari... » (S'interrompant.) De qui diable est-il question?

GUSTAVE, dont Caroline a quitté le bras, bas, à Victoire.

Malheureuse! c'est ma lettre.

VICTOIRE.

C'est-y possible... (A Jouvenel.) Monsieur, Monsieur, prenez donc garde...

JOUVENEL.

Laisse donc... (Lisant.) « J'espère un triomphe assez facile...

CAROLINE, blessée.

Ah!

JOUVENEL.

Mais qu'est-ce que ça me fait, à moi, tout ça?

VICTOIRE.

Mais, Monsieur, la lettre n'est pas pour vous.

JOUVENEL.

Ah bah! aussi je me disais : un cousin... des affaires de famille... ça ne me regarde pas... Ah çà! à qui l'autographe?

VICTOIRE, montrant Gustave.

A Monsieur.

GUSTAVE, à part.

Allons, il va me demander raison...

JOUVENEL, à Gustave.

Mon cher, je vous demande bien pardon.

GUSTAVE.

Comment?

JOUVENEL, lui rendant la lettre.

Tenez, vous ne m'en voulez pas?

GUSTAVE.

Moi?

JOUVENEL.

Je suis vraiment confus...

BLONDEAU, bas, à Jouvenel.

Assez.

SCÈNE XVI.

CAROLINE.

Vous en vouloir de cette inadvertance, mon ami?... mais au contraire, Monsieur est enchanté... votre indiscrétion involontaire lui épargne sans doute un ridicule... car Monsieur se vantait dans cette lettre d'un succès qu'il n'aurait pas pu obtenir... Maintenant qu'il en est bien convaincu, il se hâtera, j'en suis sûre, car il est honnête homme, il se hâtera de couper court aux suppositions qu'un plus long séjour ici pourrait faire naître.

GUSTAVE, s'inclinant.

Madame... (A Victoire.) Mon cabriolet... mon porte-manteau.

VICTOIRE.

Tout de suite. (Elle sort. Gustave reste au fond à surveiller, le jardinier lui apporte sa valise pendant le dialogue suivant, et il donne des ordres.)

JOUVENEL.

Ah çà, mais, ce départ...

BLONDEAU, bas.

Mais tais-toi donc.

JOUVENEL.

Comment?

CAROLINE, s'approchant, bas, à Jouvenel.

Comprenez-vous enfin quel est le mari...

BLONDEAU, de même.

Phénoménal? (Il lui indique que c'est lui.)

JOUVENEL.

Bah! ce jeune homme se serait permis...

CAROLINE.

C'est votre faute... je vous ai averti ce matin.

JOUVENEL.

Mais je croyais que tu me parlais de Blondeau, moi...

CAROLINE, riant.

Ah! ah! ah!

JOUVENEL.

Et lui-même, il m'a avoué...

BLONDEAU.

Mais je croyais que tu me parlais de Victoire, moi.

CAROLINE, riant.

Ah! ah! ah!

BLONDEAU, riant.

Ah! ah! ah!

JOUVENEL, riant aussi.

Ah! ah! ah! (Reprenant tout à coup son sérieux.) Ah çà, mais, ce monsieur, je ne souffrirai pas...

BLONDEAU.

Tais-toi donc... puisqu'il s'en va... C'est égal.. c'est heureux que tu aies ouvert la lettre... voilà la première bévue qui t'ait porté bonheur.

VICTOIRE, à Gustave.

Le cabriolet de Monsieur est prêt.

GUSTAVE, à Jouvenel.

Je regrette, Monsieur, que mes engagements me privent d
plaisir...

JOUVENEL, avec intention.

De chasser sur ma propriété?... que voulez-vous? (Prenant 1
bras de sa femme.) Ce que j'ai, je le réserve pour moi.

GUSTAVE, avec intention.

Soit, Monsieur; je n'aurais jamais songé à mettre vos droits e
question, si vous aviez toujours paru vous en souvenir.

BLONDEAU, bas, à Jouvenel.

Attrapé.

GUSTAVE.

Madame... (Il salue et sort.)

SCÈNE XVII.

LES MÊMES, excepté GUSTAVE.

CAROLINE.

A présent, monsieur Jouvenel, il faut que ma colère...

JOUVENEL.

Oh! ne me gronde pas, chère amie... mais ne me quitte plus,
cela vaudra mieux.

AIR de *Teniers*.

Contre un aveugle on n'a pas de colère,
On le préserve avec soin des faux pas.
(Avec intention.)
Soi-même enfin, pour éviter d'en faire,
On peut parfois recourir à son bras.
Pauvres époux, cet exemple est le vôtre :
Marchez toujours en vous donnant la main ;
Et c'est ainsi, soutenus l'un par l'autre,
Que l'on arrive au terme du chemin.

JOUVENEL.

Ah! chère amie, embrasse-moi. (Victoire se trouve devant lui.)
Qu'est-ce que vous voulez encore, vous?

VICTOIRE.

Mes cinquante écus!...

JOUVENEL.

Tu compteras avec Madame, épouse vite ton Bastien.

BLONDEAU, à Victoire.

Je serai ton garçon d'honneur!...

CHŒUR.

D'une tête trop volage
Il faut modérer l'essor,
Gare à l'esprit qui voyage :
Les absents ont tort.

SCÈNE XVII.

JOUVENEL, au public, après avoir regardé le nœud de son mouchoir.

Air : *Ses grands yeux disaient tout le contraire.*

Vive le bonheur pastoral,
Les bois, les champs et la verdure !
Ainsi que le dit mon journal,
Vous tous, amis de la nature,
Loin de Paris, portez vos pas...
(Jouvenel et Caroline le tirent par la manche.)
Pardon... c'est encore une absence...
Mais vous, Messieurs, n'en ayez pas...
Nous tenons à votre présence.
De grâce, ne nous quittez pas;
Nous tenons à votre présence.

FIN.

LAGNY. — Imprimerie de VIALAT et Cie.

www.ingramcontent.com/pod-product-compliance
Lightning Source LLC
Chambersburg PA
CBHW060504050426

42451CB00009B/810